INNOVATION.

LEÇONS D'ÉCRITURE SIMPLIFIÉE

PAR **WERDET** PÈRE.

PRIX : 50 CENTIMES.

leçons d'écriture étant graduées sur chaque modèle, les élèves parviennent dans très peu de temps, avec ce guide infaillible, à écrire très bien, et aussi vite que la dictée. C'est ce qui n'a jamais eu lieu.

PARIS,
WERDET AÎNÉ, ÉDITEUR, 5, RUE MAZARINE.
1841.

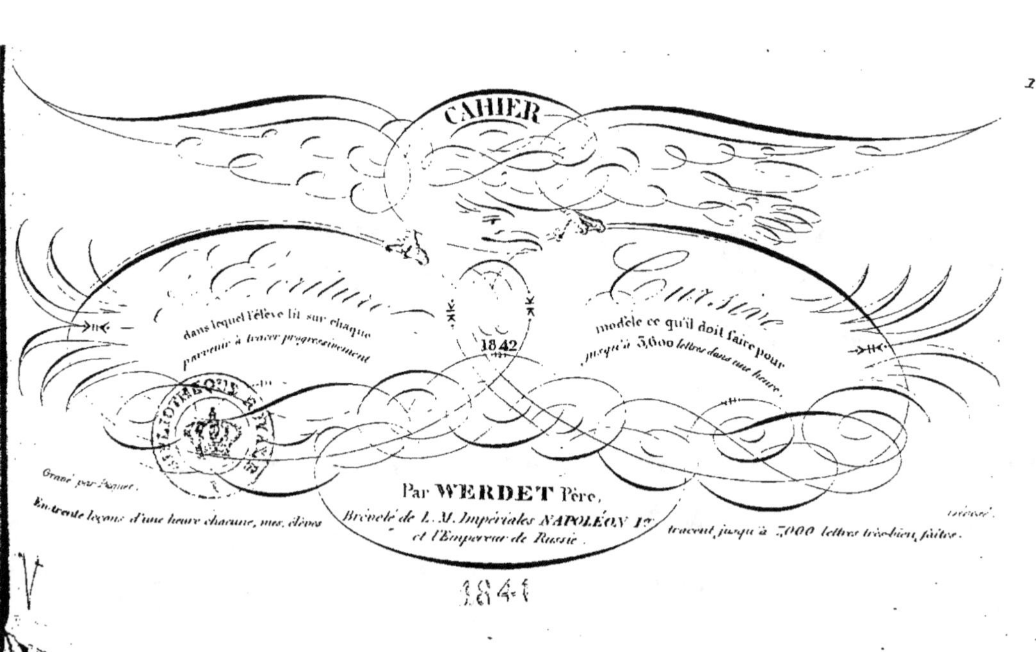
CAHIER
Écriture
dans lequel l'élève lit sur chaque
parvenir à tracer progressivement
Cuisine
modèle ce qu'il doit faire pour
jusqu'à 3,600 lettres dans une heure
1842
Gravé par Janser.
En trente leçons d'une heure chacune, mes élèves
Par WERDET Père,
Breveté de L. M. Impériales NAPOLÉON 1er
et l'Empereur de Russie.
tracent jusqu'à 3000 lettres très-bien faites.
1841

PRINCIPES DE CALLIGRAPHIE D'UNE UTILITÉ MAJEURE.

Il existe dans l'enseignement de la Calligraphie des obstacles qui s'opposent à la li berté du mouvement de la main des élèves, qui doit être vif et uniforme. Il était donc très-important pour l'avantage de ceux qui font leurs étu des dans les Colléges, Institutions, Pensions et Ecoles supérieures, primaires, *où l'on écrit beaucoup*, de leur faciliter le moyen de tracer, avec une grande vitesse et surtout d'une manière très-lisible, jusqu'à 7,000 lettres par heure, ce qui fait à peu près *deux lettres par seconde.*

Combien de jeunes gens sont retardés et rebutés dans leurs études, parce qu'ils ne peuvent écrire assez vite, et que, voulant néanmoins suivre la dictée, ils brouillent tellement leur écriture, qu'elle est illisible; il en résulte alors que le professeur, ne pouvant rien déchiffrer à cette écriture, s'attache de préférence à celle qu'il peut lire; et il arrive ainsi souvent que l'élève, dont la composition n'a pu être déchiffrée, se trouve être des derniers, tandis, au contraire, qu'il aurait peut-être été des premiers, si sa composition avait pu être lue.

Pour procurer aux mains les plus ingrates l'habitude d'un mouvement vif et très-uniforme, j'ai dû faire choix des mots qui ne contiennent pas les lettres A, C, D, G, Q, X et S, terminé par un bouton, parce que ces lettres ne sont liantes qu'au commencement des mots, et ne le sont pas lorsqu'elles se trouvent dans l'intérieur; je vais en donner des exemples: ainsi les mots *saccade, acacia, accommodage, raccordateur, accompagnateur*, etc., etc., ne peuvent être écrits qu'en levant forcément la main *cinq fois*, à chaque mot; voilà ce qui fait que les Elèves, qui commencent à apprendre la Calligraphie, contractent l'habitude d'un mouvement *lent, irrégulier et saccadé*, c'est ce qui n'a jamais été observé par aucun calligraphe.

Il était donc très-essentiel pour faire contracter aux élèves l'uniformité du mouvement delamain, de *l'avant-bras, et du bras tout entier*, d'écarter provisoirement ces lettres, jusqu'à ce qu'ils fussent parvenus à écrire *extrêmement vite, et routinièrement bien, sans discontinuation de ligature* (DANS CINQ MINUTES) les 299 lettres et chiffres que contient la 6ᵐᵉ page. Après ces exercices ROUTINIERS, les Elèves auront acquis un mouvement de main si VIF ET SI UNIFORME, qu'ils seront capables d'écrire avec la même rapidité LES MOTS LES PREMIERS VENUS, sans éprouver le moindre obstacle, et tracer 1800 lettres dans une demi-heure, ce qui fait simplement UNE LETTRE PAR SECONDE. Si ces principes sont mis en pratique UNE FOIS SEULEMENT par semaine dans les Ecoles d'enseignement mutuel, où l'on écrit peu, on pourra obtenir dans

la 8.me classe, une écriture *extrêmement vive, légère, très-régulière* et *surtout très-lisible*, et les Elèves parviendront facilement à tracer de 3 à 3,600 lettres par heure tandis, qu'ils n'en tracent pas 800 ; tel est l'avantage de cette méthode ; ce succès, je n'en doute pas, sera obtenu avec le concours des Instituteurs en chef qui dirigent ces Ecoles, avec un zèle qui est au-dessus de tout éloge, ainsi que celui des frères de la Doctrine chrétienne, qui de tout temps se sont distingués dans la calligraphie en y occupant le premier rang, tels que les célèbres Bernard de Melun et mon ami Tardieu, etc., etc.

OBSERVATIONS TRÈS-IMPORTANTES.

Le D, dont la courbe est jetée de droite à gauche, (voyez cette lettre page 4) surcharge l'écriture et forme autant de points d'arrêt, qui font contracter à la main des Elèves un mouvement IRRÉGULIER ET SACCADÉ, voilà pourquoi j'ai renoncé à l'employer ; j'en ai fait de même à celui qui est formé d'un C et d'un L sans boucle, parce qu'il serait très-dangereux d'en faire usage (voyez cette forme de lettre page 5), car si on ne joint pas bien ensemble le C et l'L, dont cette lettre est formée, comme cela arrive très-souvent, il en résulte, qu'au lieu de lire da on lit *cla, davier, clavier*, dé, *clé*, der, *cler*, di, *cli*, démence, *clémence*, dos, *clos*, dodine, *clodine*, dose, *close*, dub, *club*, dupe, *clupe*, dignement, *clignement*, etc, etc. Nous n'en finirions pas s'il fallait citer tous les mots qu'on peut mal interpréter par une lettre ainsi mal formée et le parti qu'en peuvent tirer les FAUSSAIRES.

Le D, de l'écriture coulée, dont j'ai fait usage est le seul dont la forme ne se prête point à faire des faux, il est simple, très facile, ne charge point l'écriture, et se lie parfaitement avec toutes les lettres.

N. B. Il existe une écriture DROITE, RAIDE, TRÈS-LARGE, DE FORME CARRÉE DONT LES LIAISONS SONT LANGUISSANTES ET TRAINÉES A LA FIN DES MOTS, une pareille écriture DÉBILE, ne peut convenir aux écoles d'enseignement mutuel, et encore moins aux ÉCOLES PRIMAIRES SUPÉRIEURES, parce qu'on ne parviendra jamais, avec un pareil genre d'écriture, à faire tracer à un Elève 3,600 lettres bien faites dans une heure ; et que serait-ce donc si on en exigeait 7,000 ? Voilà pourquoi cette écriture est généralement repoussée, comme étant d'une forme INSOLITE, TRÈS-NUISIBLE AUX ÉTUDES, et à l'avancement des progrès des Elèves.

WERDET père,
Membre de plusieurs Sociétés savantes.

TENUE DE LA PLUME. _La plume sera fixée entre l'extrémité du pouce et du medium ou 3me doigt. L'index ou premier doigt joindra le medium à la hauteur de l'ongle et l'angle du pouce ne devra jamais toucher l'index. Le bout opposé au bec de la plume devra être tourné directement vis-à-vis la jointure de l'épaule droite, on ne doit jamais la faire tourner entre les doigts mais s'en servir comme d'un crayon._

Diagonale

La pente de l'écriture est la diagonale du carré. - Exemple.

Jambages droits.

Jambages avec liaison par le bas.

La tête et le corps un peu penchés en avant, celui-ci doit être tourné un peu obliquement de manière à ce que le coté gauche soit écarté de la table de deux centimètres (3/4 de pouce) et le droit de cinq (1 pouce 10 lignes). L'avant bras gauche doit être placé horizontalement, la main gauche doit tenir le papier pour le remonter au besoin, le main droite ne doit porter sur la table que de quatre largeurs de doigt de la personne qui écrit à partir de la jointure du poignet.

Jambages avec liaison par le haut.

Il faut laisser glisser le bras droit pour que la main et le coude conservent la même direction en s'éloignant du corps. Ne pas changer de modèle que ces exercices ne soient bien faits.

Jambages avec liaison par le haut et par le bas.

Lignes courbes.

Lignes mixtes.

Lignes courbes.

Lignes mixtes.

Tenez bien la plume, ne la serrez pas, que le bout opposé au bec soit tourné vis-à-vis de la jointure de votre épaule droite.

a b c d e f g h i j k l m

Laissez glisser légèrement le bras en écrivant, ayez l'attention que votre main et le coude en s'éloignant du corps soient toujours dans la même direction, c'est à dire sur la même ligne.

n o p q r s t u v u x y z

Liez les lettres deux à deux très-vite et suivez la pente.

me, mi, me, mu, me, mu, mo,

ei, se, ue, u, ro, eu, ee, ie, eu

1, 2, 3, 4, 5, 6, 7, 8, 9, 0 0 0

Les lettres à queues ont la double grandeur du corps d'écriture c'est à dire d'un O.

Il ne faut pas faire ce ↄ, voyez l'observation imprimée.

Tenez bien la plume, ne la serrez pas, que le bout opposé au bec soit tourné vis-à-vis de la jointure de votre épaule droite. — Au départ de chaque ligne ayez soin de faire glisser légèrement la main et le bras.

1

Liez les lettres deux à deux, trois à trois, et quatre à quatre, sans lever la plume.

2

Egalisez le mouvement, soutenez la pente.

3

Liez plusieurs mots s'il vous est possible.

4

Ecrivez extrêmement-vite.

4

Il ne faut pas changer de modèle que celui-ci ne soit écrit très-vite et très-bien.

A B C D E F G H I J K L M N

5 minon, mais, — marée, année, comme

Liez les lettres de chaque mot sans lever la plume.

6 minute, miroir, météor, menthe, années

Soutenez la pente, laissez glisser la main et le bras légèrement.

7 monture, mouvoir, — monnaie, motiver

Egalisez bien le mouvement de la main et du bras.

8 murmures, immunité, immensif, moissons

Ecrivez très vite.

9 immersion, rementer, — immensité, des

transmission, immortelle, — millimètre

Ces 262 lettres et chiffres doivent être tracés dans 5 minutes avant de changer de modèle.
Il ne faut jamais faire usage d'un pareil d, voyez l'observation imprimée.

O P Q R S T U V V V W X Y Z

11 immensement, commodément commissions

12 immodérément, renversement, indélébilité

13 immodestement, remboursement, irrévéremment

14 criminellement, gentilhommerie, indivisibilité

15 indivisiblement, perpétuellement, indissolubilité

16 industrieusement, irrésistiblement, croustilleusement.

17-21 proportionnellement, constitutionnellement.

Il faudrait faire jouter les élèves entre eux, et accorder une récompense à celui qui écrirait bien ces vingt mots, dans cinq minutes au plus; ils contiennent 297 lettres y compris les chiff[res]